RAPPORT SOMMAIRE

SUR LES

OPÉRATIONS DE L'ARMÉE DU RHIN

RAPPORT SOMMAIRE

SUR

LES OPÉRATIONS DE L'ARMÉE DU RHIN

DU

13 Août au 29 Octobre 1870

PAR LE COMMANDANT EN CHEF

MARÉCHAL BAZAINE

PARIS

IMPRIMERIE CENTRALE DES CHEMINS DE FER

A. CHAIX ET Cⁱᵉ

RUE BERGÈRE, 20, PRÈS DU BOULEVARD MONTMARTRE

1871

Ce Résumé a pour but de donner un aperçu, aussi exact que possible, sur des faits intéressant l'armée du Rhin pendant cette période.

Les Rapports spéciaux établis après chaque combat, citant les corps, les officiers et les soldats qui s'y sont distingués, sont déposés aux archives de l'état-major de l'armée, sous le couvert du Ministre de la guerre, et lui parviendront dès que *les relations seront rétablies avec la capitale.*

Nommé, par décret du 12 Août, Commandant en chef de l'armée du Rhin, j'en pris, le 13, le Commandement, ayant pour Chef d'Etat major général le Général de division Jarras, désigné pour ces fonctions par le même décret qui supprimait celles du Major général et des deux Aides-Majors généraux.

Mes instructions étaient de faire passer l'armée de la rive droite de la Moselle, où elle était réunie depuis le 11, sur la rive gauche pour la diriger sur Verdun. Ce mouvement était en pleine voie d'exécution le 14, s'opérant par les deux ailes, quand, vers deux heures de l'après-midi, les troupes allemandes commencèrent l'attaque sur la division Metman du 3e corps. Il fallut l'appuyer pour maintenir l'ennemi, qui devenait entreprenant; le 4e corps, qui avait presque effectué son passage de rivière, revint en partie prendre position en avant du fort Saint-Julien et concourut à ce premier combat, qui dura jusqu'à la nuit et prit le nom de : bataille de Borny.

Nous n'eûmes pas la satisfaction de déjouer les projets de l'ennemi, dont le but était de retarder notre concentration sur le plateau de Gravelotte et de donner le temps à ses troupes d'y arriver avant nous. Leur passage était signalé à Nomény et à Gorze et l'armée du Prince Frédéric-Charles, dont les coureurs avaient été vus dans les environs de Briey, avançait du même côté.

Le mouvement de nos troupes sur la rive gauche de la Moselle continua le 15 Août, et les 2e et 6e corps furent échelonnés derrière la division de cavalerie du général de FORTON, qui, depuis la veille, éclairait la route de Mars-la-Tour, tandis que la division du général du Barail éclairait la route de Conflans. La garde impériale fut établie en avant de Gravelotte.

La concentration des 3ᵉ et 4ᵉ corps sur le plateau n'était pas complète le 16 au commencement de la bataille, les passages sur les ponts, qui étaient en nombre insuffisant, ayant été plus longs qu'on ne l'avait supposé.

Le 16 Août, vers 9 heures du matin, l'ennemi attaqua d'abord la division de Forton qui dut se replier sur le 2ᵉ corps; l'action devint bientôt après générale et dura jusqu'à la nuit close. Ce combat, qui fit éprouver des pertes sensibles à l'ennemi et le tint un moment en échec, prit pour nous le nom de bataille de Rezonville. L'extrait suivant de la dépêche, que j'adressai à S. M. l'Empereur et au ministre de la guerre, le 17 Août, expose la situation de l'armée après ce combat :

« On dit aujourd'hui que le Roi de Prusse serait à Pange ou au château d'Aubigny, qu'il est suivi d'une armée de 100,000 hommes et qu'en outre des troupes nombreuses ont été vues sur la route de Verdun et à Mont-sous-les-Côtes.

» Ce qui pourrait donner une certaine vraisemblance à cette nouvelle, de l'arrivée du Roi de Prusse, c'est qu'en ce moment, où j'ai l'honneur d'écrire à Votre Majesté, les Prussiens dirigent une attaque sérieuse sur le fort de Queuleu. Ils auraient établi des batteries à Magny, à Mercy-le-Haut et au bois de Pouilly; dans ce moment le tir est même assez vif.

» Quant à nous, *les corps sont peu riches en vivres;* je vais tâcher d'en faire venir par la route des Ardennes, qui est encore libre. Monsieur le général Soleille, que j'ai envoyé dans la place, me rend compte qu'elle est peu approvisionnée en munitions et qu'elle ne peut nous donner que 800,000 cartouches, ce qui, pour nos soldats, est l'affaire *d'une journée.* Il n'y a également *qu'un petit nombre de coups* pour pièces de quatre, et enfin il ajoute que l'établissement pyrothécnique n'a pas *les moyens nécessaires* pour confectionner les cartouches.

« Monsieur le général Soleille a dû demander à Paris ce qui est indispensable pour remonter l'outillage ; mais cela arrivera-t-il à temps ? Les régiments du corps du général Frossard n'ont plus d'ustensiles de campement et ne peuvent faire cuire leurs aliments. Nous allons faire tous nos efforts pour reconstituer nos approvisionnements de toute sorte, afin de reprendre notre marche dans deux jours, si cela est possible. Je prendrai la route de Briey. Nous ne perdrons pas de temps, à moins que de nouveaux combats ne déjouent mes combinaisons. »

Je joignis à cette dépêche une note du général Soleille indiquant le peu de ressources qu'offrait la place de Mets pour le ravitaillement en munitions de l'artillerie et de l'infanterie. Depuis on trouva, dans les magasins du chemin de fer, 4,000,000 de cartouches, et monsieur le général Soleille donna une telle impulsion à l'arsenal de Metz, que l'on put y fabriquer des fusées percutantes, de la poudre et des cartouches avec un papier spécial ; un marché fut passé pour fondre des projectiles.

Le 17 Août l'armée vint s'établir sur les positions de Rozérieulles à Saint-Privat-la-Montagne pour les raisons suivantes :

1) Manque d'eau à Gravelotte et aux environs.
2) Obligation, avant de continuer la marche en avant, d'aligner les vivres et de remplacer les munitions consommées, principalement en projectiles de quatre.
3) Evacuer les blessés sur Metz.

Des suppositions ont été faites sur la possibilité de continuer la marche sur Verdun dans la nuit du 16 au 17 ; *elles étaient erronées.* Ceux qui les émettaient ne connaissaient pas la situation. L'ennemi recevait à chaque instant des renforts considérables

✳

et avait envoyé des forces pour occuper la position de Fresnes en avant de Verdun ; l'armée française en marche depuis plusieurs jours venait de livrer deux batailles sanglantes, et elle avait encore des fractions en arrière, y compris le grand parc de réserve de l'armée, qui était arrêté à Toul, attendant une occasion favorable pour rejoindre, *ce qu'il n'a pu faire*. L'armée pouvait éprouver un échec très-sérieux qui aurait eu une influence fâcheuse sur les opérations ultérieures.

Les corps reçurent l'ordre de se fortifier dans leurs nouvelles positions et d'y tenir le plus longtemps possible. Mon intention était de reprendre l'offensive, le ravitaillement terminé.

Le 18 Août, toute l'armée allemande, sous le commandement de Sa Majesté le Roi de Prusse, attaqua nos lignes avec une nombreuse artillerie et des masses considérables d'infanterie. Le succès resta toute la journée indécis ; mais le soir un suprême effort exécuté par l'ennemi sur Saint-Privat-la-Montagne rendit cette position intenable pour notre aile droite qui, malgré la bravoure et le dévouement du maréchal Canrobert et de ses troupes, dut l'évacuer et le fit en très-bon ordre.

La division de grenadiers de la garde, envoyée comme réserve, n'avait pu être engagée que tardivement.

Le 6ᵉ corps de l'armée du Rhin n'était pas complétement constitué en artillerie, génie, cavalerie, ni même en infanterie ; une de ses divisions n'avait même qu'un seul régiment.

Pendant cette action qui fut des plus meurtrières pour l'ennemi, je dus me tenir, avec les réserves d'artillerie et la garde, sur le plateau de Plappeville pour repousser les tentatives faites par l'ennemi, soit par Vaux et Sainte-Ruffine, soit par Woippy, sur les derrières de nos positions, son but étant de nous couper de Metz. Cette bataille prit le nom de défense des lignes d'Amanvillers.

Dans la matinée du 19, l'armée vint s'établir entre les forts détachés de Metz, et dès ce jour elle resta sur la défensive. Elle avait besoin de repos et surtout de reconstituer ses cadres en officiers de tous grades.

L'ennemi ne perdit pas un instant pour compléter notre investissement, en détruisant les ponts sur l'Orne (petite rivière qui se jette dans la Moselle) et en rendant impraticable la voie ferrée de Thionville.

Le 26, les 4ᵉ, 6ᵉ corps et la garde passaient sur la rive droite; j'avais le projet de forcer le passage le long de cette rive; mais une véritable tempête nous surprit et rendit inexécutable, dans de bonnes conditions, tout mouvement offensif dans des terrains aussi détrempés.

Les commandants des corps d'armée, et les chefs des armes spéciales, furent réunis à la ferme de Grimont, et ils émirent l'avis que l'armée devait *rester sous Metz*, parce que sa présence maintenait devant elle 200,000 ennemis, qu'elle donnait le temps à la France d'organiser la résistance, aux armées en formation de se constituer, et qu'en cas de retraite de l'ennemi, elle le harcèlerait, si elle ne pouvait lui infliger une défaite décisive. Quant à la ville de Metz, elle avait besoin de la présence de l'armée pour terminer les forts, leur armement, les défenses extérieures du corps de place, et il fut reconnu que celle-ci *ne pourrait tenir plus de 15 jours, sans la protection de l'armée*. Malheureusement les autorités civiles et militaires de cette place n'avaient pas pris de dispositions, quand il en était temps encore, pour faire rentrer dans son enceinte toutes les ressources en vivres et fourrages des cantons voisins et augmenter ainsi les approvisionnements, en prévision d'un long blocus. (Quelque temps avant, l'intendant en chef de l'armée était parti pour activer l'exécution des marchés; après lui j'envoyai M. l'intendant de Préval; personne ne put revenir.) Ces autorités ne firent pas non plus sortir de la ville les bouches inutiles, les étrangers qui pouvaient être nuisibles par leurs relations nationales. Les sages dispositions prescrites par les règlements militaires furent négligées pour ne pas inquiéter la population.

Nous étions donc réduits, dès le début, aux faibles approvisionnements des magasins de Metz et des villages sur lesquels nous étendions notre action.

Il fut en outre convenu, dans la réunion du 26, que, pour soutenir le moral des troupes, on ferait des coups de main pour harceler l'ennemi et augmenter nos ressources.

Des compagnies de partisans furent organisées dans les divisions et rendirent de bons services.

Le 30 Août je reçus, par le retour d'un émissaire que j'avais envoyé à Sa Majesté l'Empereur, au camp de Châlons, l'avis suivant :

> « Reçu votre dépêche du 19 dernier à Reims ; me porte dans la direction de Montmédy ; serai après-demain sur l'Aisne, où j'agirai selon les circonstances pour vous venir en aide. »

Je réunis l'armée, le 31, en avant des forts de Queuleu et de Saint-Julien, et j'indiquai comme objectif à enlever de vive force le plateau de Sainte-Barbe, ayant le projet, en cas de réussite, de gagner Thionville par Bettelainville et Redange avec les 3e, 4e et 6e corps, en faisant filer la garde et le 2e corps par la route de Malroy.

La rive droite offrait l'avantage de ne pas traverser l'Orne ; puis, en prenant Sainte-Barbe pour objectif, l'ennemi était incertain si je me dirigerais vers l'Est, pour couper les communications, ou vers les forteresses du Nord.

L'opération réussit en partie le 31 ; mais, pendant la nuit, les troupes qui occupaient Servigny furent obligées de se replier par suite d'un retour offensif de l'ennemi en nombre très supérieur.

Le combat recommença le 1er, par un brouillard très-intense qui nous fut défavorable ; nous ne pûmes reprendre la position conquise le 31, et le maréchal Lebœuf dut quitter le village de Noisseville sur lequel s'appuyait la droite du 3e corps, parce qu'il était fortement battu par un feu violent d'artillerie, et voyait sa retraite compromise par l'arrivée de fortes colonnes ennemies.

Nos pertes étaient sensibles ; il était à craindre que l'ennemi ne nous inquiétât pendant notre retour sur la rive gauche, car ses projectiles fouillaient déjà les terrains en arrière des forts.

Les 4ᵉ, 6ᵉ corps et la garde repassèrent sur la rive gauche pour reprendre des positions plus étendues et plus favorables à l'installation des troupes que les anciennes, et l'on s'occupa activement d'y faire exécuter les travaux de défense nécessaires, travaux sommairement indiqués par le général Coffinières de Nordeck et qui devaient nous établir solidement dans un véritable camp retranché. Je prévins l'Empereur et le ministre de la guerre de notre insuccès par la dépêche suivante (cette dépêche, envoyée le 1ᵉʳ Septembre, fut expédiée en duplicata le 3, puis expédiée de nouveau le 7):

> « Après une tentative de vive force, laquelle nous a amenés à un combat qui a duré deux jours, dans les environs de Sainte-Barbe, nous sommes de nouveau dans le camp retranché de Metz avec peu de *ressources en munitions d'artillerie de campagne, ni viande ni biscuit;* enfin un état sanitaire qui n'est pas parfait, la place étant encombrée de blessés. Malgré les nombreux combats, le moral de l'armée reste bon. Je continue à faire des efforts pour sortir de la situation dans laquelle nous sommes; mais l'ennemi est très-nombreux autour de nous. Le général Decaen est mort. Blessés et malades environ 18,000. »

J'ai toujours ignoré si cette dépêche était parvenue, car depuis cette époque *je n'ai plus reçu aucune communication du gouvernement.*

Nous connûmes indirectement la bataille de Sédan et la capitulation qui s'ensuivit, par les hourras poussés dans les avant-postes allemands et par un médecin de l'internationale qui avait été soigner les blessés allemands.

Les nouvelles des événements du 4 Septembre nous parvinrent par un prisonnier qui avait pu s'échapper d'Ars.

J'en donnai connaissance à l'armée, dès que la confirmation m'en eut été donnée par le quartier général allemand, par l'ordre du jour ci-après :

« A l'armée du Rhin !

» D'après deux journaux français du 7 et du 10 Septembre, apportés au grand quartier général par un prisonnier français qui a pu franchir les lignes ennemies, Sa Majesté l'Empereur Napoléon aurait été interné en Allemagne après la bataille de Sedan, et l'Impératrice ainsi que le Prince Impérial, ayant quitté Paris le 4 Septembre, un pouvoir exécutif, sous le titre de gouvernement de défense nationale, s'est constitué à Paris. Les membres qui le composent sont : (suivent les noms).

» Généraux, officiers et soldats de l'armée du Rhin ! nos obligations militaires envers la patrie en danger restent les mêmes. Continuons donc à la servir avec dévouement et la même énergie en défendant son territoire contre l'étranger, l'ordre social contre les mauvaises passions.

» Je suis convaincu que votre moral, ainsi que vous en avez déjà donné tant de preuves, restera à hauteur de toutes les circonstances, et que vous ajouterez de nouveaux titres à la reconnaissance et à l'admiration de la France.

» Ban Saint-Martin, 16 Septembre 1870. »

J'ai tenté à diverses reprises (15 et 25 Septembre) de me mettre en relations avec le gouvernement de la défense nationale. Je lui ai adressé en trois expéditions la dépêche qui suit :

« Il est urgent pour l'armée de savoir ce qui se passe à Paris et en France. Nous n'avons aucune communication avec l'intérieur, et les bruits les plus étranges sont répandus par les prisonniers que nous a rendus l'ennemi, qui en propage également de nature alarmante. Il est important pour nous de recevoir des instructions et des nouvelles.

» Nous sommes entourés par des forces considérables que nous avons vainement essayé de percer le 31 Août et le 1er Septembre. »

Mes missives restèrent toujours sans réponse et aucun de mes émissaires, qui n'étaient autres que des soldats de bonne volonté, ne revint. Nous n'avions de nouvelles que par les journaux allemands, trouvés sur les prisonniers que l'on faisait, ou par les parlementaires, quand ils voulaient en donner.

Un fait à signaler, c'est que très-peu d'hommes du pays se sont offerts pour nous servir pendant la campagne ou le blocus, et qu'un petit nombre a obéi à l'appel de la mobilisation.

Pendant le mois de Septembre et les premiers jours d'Octobre, les opérations militaires principales furent celles de :

> LAUVALLIER,
> VANY,
> CHIEULLES,
> MERCY et PELTRES,
> LESSY,
> LADONCHAMPS,
> BELLEVUE et SAINT-REMY.

Indépendamment de ces opérations, les compagnies de partisans ne cessèrent de harceler l'ennemi, de lui faire des prisonniers, et je renouvelai les ordres déjà donnés de tenir constamment l'ennemi sur le qui-vive par des attaques incessantes sur ses avant-postes, afin de le forcer à maintenir un gros effectif devant Metz, espérant retarder l'investissement de la capitale et gagner du temps pour l'organisation de la défense nationale.

Depuis le 14 Août, l'armée avait livré trois grandes batailles, tenté deux grandes sorties, effectué de fréquentes attaques sur les positions de l'ennemi.

Pendant cette période, les pertes éprouvées par l'armée du Rhin, en tués, blessés et disparus, furent de vingt-cinq officiers-généraux, deux mille quatre-vingt-dix-neuf officiers de tous grades, et quarante mille trois cent trente-neuf sous-officiers et soldats.

Les malades étaient nombreux, et l'on pouvait craindre une épidémie. Notre situation devenant de plus en plus critique par l'épuisement des approvisionnements, la ration de pain, qui depuis longtemps était à 500 grammes, puis à 300 grammes, fut réduite à 250 grammes *sans* blutage (limite extrême, d'après l'opinion du médecin en chef de l'armée).

Les chevaux qui servaient à nourrir l'armée et la ville (celle-ci recevait 50 chevaux par jour), ne mangeaient que des feuilles et des écorces d'arbres, et succombaient rapidement sous l'influence d'une pareille alimentation et d'une intempérie persistante.

Ne comptant plus sur une armée de secours, et ayant eu connaissance de l'insuccès de la mission de M. Jules Favre, comme de la non convocation de la constituante, j'écrivis la lettre confidentielle ci-après aux commandants des corps d'armée et aux chefs des armes spéciales :

« Ban Saint Martin, 7 Octobre 1870.

» Le moment approche où l'armée du Rhin se trouvera dans la position la plus difficile peut-être qu'ait jamais dû subir une armée française. Les graves événements militaires et politiques qui se sont accomplis loin de nous et dont nous ressentons le douloureux contre-coup, n'ont ébranlé ni notre force morale, ni notre valeur comme armée. Mais vous n'ignorez pas que des complications d'un autre ordre s'ajoutent journellement à celles que créent pour nous les faits extérieurs.

» Les vivres commencent à manquer, et, dans un délai qui ne sera que trop court, ils nous feront absolument défaut. L'alimentation de nos chevaux de cavalerie et de trait est devenue un problème, dont chaque jour qui s'écoule rend la solution de plus en plus improbable ; nos ressources sont épuisées, nos chevaux vont dépérir et disparaître.

» Dans ces graves circonstances, je vous ai appelés pour vous exposer la situation et vous faire part de mon sentiment. Le devoir d'un général en chef est de ne rien laisser ignorer, en pareille occurrence, aux commandants des corps d'armées placés sous ses ordres, e de s'éclairer de leurs avis et de leurs conseils.

» Placé plus immédiatement en contact avec les troupes, vous savez certainement M......... ce que l'on peut attendre d'elles, ce que l'on doit en espérer. Aussi, avant de prendre un parti décisif, ai-je voulu vous adresser cette dépêche, pour vous demander de me faire connaître, par écrit, après un examen très-mûri et très-approfondi de la situation, et après en avoir conféré avec vos généraux de division, votre opinion personnelle et votre appréciation motivée.

» Dès que j'aurai pris connaissance de ce document, dont l'importance ne vous échappera point, je vous appellerai de nouveau dans un conseil suprême, d'où sortira la solution définitive de la situation de l'armée dont *Sa Majesté l'Empereur m'a confié le commandement.*

» Je vous prie de me faire parvenir, dans les quarante-huit heures, l'opinion que j'ai l'honneur de vous demander et de m'accuser réception de la présente dépêche. »

A cette même date, le *Journal Officiel* disait :

« *La position de Bazaine est toujours excellente.* »

(*Article signé de tous les membres du gouvernement de la défense nationale.*)

Le 10 Octobre, un conseil de guerre eut lieu au grand quartier général, dans lequel il fut décidé à *l'unanimité* que le général Boyer serait envoyé au grand quartier général Royal à Versailles, pour tâcher de connaître la situation réelle de la France, les intentions des autorités prussiennes au sujet d'une convention militaire, et les concessions qu'on pourrait en attendre dans l'intérêt de l'armée de Metz comme dans celui de la paix.

L'extrait du procès-verbal de ce conseil de guerre, concernant cette décision, était ainsi conçu :

» Après avoir rappelé les principaux traits de la situation, le maréchal Bazaine a ajouté que, malgré toutes les tentatives faites pour se mettre en communication avec la capitale, il ne lui était jamais parvenu aucune nouvelle officielle du gouvernement ; qu'aucun indice d'une armée française, opérant pour faire une diversion utile à l'armée du Rhin, ne lui avait été signalé. De l'examen de nos ressources alimentaires de toutes sortes il résultait qu'en faisant tous les efforts imaginables, en fusionnant les ressources de la ville avec celles de la place et de l'armée, en réduisant la ration journalière de pain à 300 grammes, en rationnant les habitants, en consommant les réserves des forts et en réduisant le blutage des farines au taux le plus bas, sans compromettre la santé des hommes, il était possible de vivre jusqu'au 20 Octobre inclus, y compris les deux jours de biscuit existant dans les sacs des hommes.

» La ration de viande de cheval devait être élevée à 600 grammes d'abord et poussée à 750 grammes, tous les chevaux étant considérés comme sacrifiés, vu l'impossibilité de les nourrir autrement que par un pacage presque illusoire et la mortalité faisant chaque jour chez ces animaux des progrès effrayants.

» Il fut déclaré ensuite que l'état sanitaire était gravement compromis dans la place, tant par l'accumulation de 19,000 blessés ou malades, que par le défaut de médicaments, de moyens de couchage, de locaux et d'abris et par l'insuffisance du nombre des médecins.

» Les rapports du médecin en chef constatent que le typhus, la variole, la dyssenterie et le cortége des maladies épidémiques commençaient à envahir les établissements hospitaliers et à se répandre dans la ville.

» L'affaiblissement causé par la mauvaise alimentation à laquelle on était réduit, ne pouvait qu'augmenter ces causes morbides. On constata que les ambulances et les hôpitaux étaient emcombrés, que près de 2,000 malades ou blessés étaient encore recueillis chez les habitants, et la conclusion fut que, si un nombre considérable de blessés devait de nouveau être dirigé sur la place, il y aurait d'abord *impossibilité de les installer, mais surtout danger immédiat pour la santé publique.*

» Cet exposé de la situation de nos ressources et de l'état sanitaire étant connu de tous les membres du conseil de guerre, l'on passa à l'examen de la situation militaire.

» Après lecture faite en conseil des rapports des commandants des corps d'armée et de la place de Metz, la situation militaire se résuma dans les questions suivantes :

1) L'armée doit-elle tenir sous les murs de Metz, jusqu'à l'entier épuisement de ses ressources alimentaires?

2) Doit-on continuer à faire des opérations autour de la place, pour essayer de se procurer des vivres et des fourrages?

3) Peut-on entrer en pourparlers avec l'ennemi pour traiter d'une convention militaire?

4) Doit-on tenter le sort des armes et chercher à percer les lignes ennemies?

» La première question est résolue affirmativement,

à l'*unanimité*, par cette raison que la présence de l'armée sous les murs de Metz y retient, en les immobilisant, 200,000 ennemis, et que dans les conditions où elle se trouve, le plus grand service que l'armée du Rhin puisse rendre au pays, est de gagner du temps et de lui permettre d'organiser la résistance dans l'intérieur.

» La deuxième question est résolue négativement, à *l'unanimité*, en raison du peu de probabilités qu'il y a de trouver des ressources suffisantes pour vivre quelques jours de plus, à cause des pertes que ces opérations occasionneraient et de l'effet dissolvant que leur insuccès pourrait avoir sur le moral de la troupe.

» La troisième question est résolue affirmativement, à *l'unanimité*, à la condition, toutefois, d'entamer les ouvertures dans un délai qui ne dépassera pas quarante-huit heures, afin de ne pas permettre à l'ennemi de retarder le moment de la conclusion de la convention jusqu'au jour et peut-être au delà du jour de l'épuisement de nos ressources.

» Tous les membres du conseil de guerre déclarent énergiquement que les clauses de la convention devront être honorables pour nos armes et pour nous-mêmes. »

La quatrième question en amène une cinquième : M. le général Coffinières de Nordeck demande s'il ne serait pas préférable de tenter le sort des armes avant d'entamer des négociations, le succès de cette tentative pouvant rendre les pourparlers inutiles, ou bien le résultat de nos efforts pouvant peser dans la balance de nos pertes, que nous aurions fait subir à l'ennemi.

Cette question *est écartée par la majorité, et il est décidé à l'unanimité* que si les conditions de l'ennemi portent atteinte à l'honneur militaire, on essayera de se frayer un chemin par la force, avant d'être épuisés par la famine et tandis qu'il reste la possibilité d'atteler encore quelques batteries.

« Il est donc convenu et arrêté :

1) Que l'on tiendra sous Metz le plus longtemps possible.

2) Que l'on ne fera pas d'opérations autour de la place, le but à atteindre étant plus qu'improbable.

3) Que les pourparlers seront engagés avec l'ennemi, dans un délai qui ne dépassera pas quarante-huit heures, afin de conclure une convention militaire honorable et acceptable pour tous.

4) Que dans le cas où l'ennemi voudrait imposer des conditions incompatibles avec notre honneur et le sentiment du devoir militaire, on tentera de se frayer un passage les armes à la main.

« Suivent les signatures :

Maréchal CANROBERT, commandant le 6e corps.

Général FROSSARD, commandant le 2e corps.

Maréchal LEBOEUF, commandant le 3e corps.

Général DE L'ADMIRAULT, commandant le 4e corps.

Général DESVAUX, commandant provisoirement la garde impériale.

Général SOLEILLE, commandant l'artillerie de l'armée.

Général COFFINIÈRES DE NORDECK, commandant supérieur de Metz.

Intendant LEBRUN, intendant en chef de l'armée.

Maréchal BAZAINE, commandant en chef de l'armée du Rhin. »

* * *

L'autorisation demandée pour M. le général Boyer, qui avait été refusée le 11 octobre, fut accordée le 12, sur une dépêche télégraphique du Roi de Prusse.

Cet officier général se mit immédiatement en route pour Versailles, accompagné de deux officiers de l'état-major du Prince Frédéric-Charles.

A son arrivée à Versailles, le 14, où on ne le laissa pas communiquer librement, il fut reçu par M. le comte de Bismark, qui lui donna une seconde audience le lendemain, à l'issue du conseil.

M. le général Boyer revint à Metz le 17, et une nouvelle conférence eut lieu le 18, à laquelle voulut bien assister M. le général Changarnier, pour entendre le récit de la mission dont le général Boyer avait été chargé.

Il rendit compte des conditions qui étaient exigées pour que l'armée sous Metz pût sortir avec armes et matériel. Ces conditions subordonnaient à *une question politique* les avantages qui seraient accordés à l'armée du Rhin.

Il exposa la situation intérieure de la France telle qu'elle lui avait été dépeinte; l'impossibilité de traiter avec le gouvernement de la défense nationale sans la convocation préalable d'une assemblée constituante, qui seule pouvait garantir le traité à intervenir, convocation ajournée par ce gouvernement de fait que la Prusse n'avait pas reconnu, le pouvoir émanant de la constitution de 1870 votée en mai par le peuple français représentant encore le gouvernement de droit.

Il fut décidé, à la majorité de 7 voix contre 2, que le général Boyer retournerait à Versailles et, de là, se rendrait en Angleterre, dans l'espoir que l'intervention de l'Impératrice régente auprès du Roi de Prusse obtiendrait des conditions plus favorables pour l'armée de Metz.

Il fut résolu à l'unanimité que le maréchal commandant en chef *ne saurait accepter aucune délégation* pour signer les bases d'un traité impliquant des questions étrangères à l'armée, *celle-ci devant rester en dehors de toute négociation politique.*

La mission du général Boyer n'avait donc d'autre but que de tâcher de faire sortir l'armée du Rhin de la situation pénible où elle se trouvait et de la conserver à la France. Je ne reçus plus aucune nouvelle directe de la mission du général Boyer; mais j'appris plus tard que ces loyales tentatives n'avaient pas pu aboutir, les garanties demandées par l'autorité militaire allemande ayant paru

excessives, et leur acceptation ne dépendant en aucune manière
des chefs de l'armée.

Le 21 Octobre, j'envoyai en six expéditions, à Paris et à Tours,
la dépêche suivante :

> « A plusieurs reprises, j'ai envoyé des hommes de
> bonne volonté pour donner des nouvelles de l'armée et
> de Metz. Depuis, notre situation n'a fait qu'empirer et je
> n'ai jamais reçu la moindre communication ni de Paris,
> ni de Tours. Il est cependant urgent de savoir ce qui se
> passe dans l'intérieur du pays et dans la capitale; car,
> sous peu, la famine me forcera de prendre un parti dans
> l'intérêt de la France et de cette armée. »

M. de Valcour, interprète du général Blanchard, était un des
porteurs de cette dépêche.

Le 24 Octobre, seulement, je reçus, par l'intermédiaire du
Prince Frédéric-Charles, l'avis que l'on n'entrevoyait plus, au grand
quartier général royal, aucune chance d'arriver à un résultat par
des négociations politiques.

Le 25 au matin, une nouvelle réunion eut lieu pour donner
connaissance de la communication ci-dessus.

Le conseil désirant être complétement et définitivement édifié
sur les intentions du quartier général de l'armée allemande à
notre égard, pria M. le général Changarnier, le glorieux vétéran
de nos guerres d'Afrique, qui, pendant toute cette campagne, a
été pour l'armée du Rhin un bel exemple d'abnégation et de bravoure dans les combats, un guide sage et loyal dans les conseils,
de se rendre auprès du Prince Frédéric-Charles, pour tâcher d'ob-
tenir, non une capitulation, mais un armistice avec ravitaillement,
ou que l'armée pût se retirer en Afrique.

L'illustre général accepta, par dévouement, cette délicate
mission, qui n'eut pas un meilleur résultat que les précédentes.

Il fallut se résigner, parce qu'une tentative de vive force,
qui déjà précédemment n'avait été considérée que comme un

dernier acte de désespoir, aurait été, dans les circonstances actuelles, un vrai suicide, en offrant à l'ennemi une victoire facile sur une armée épuisée, qui cependant n'avait jamais été vaincue, et c'eût été un crime de sacrifier inutilement des milliers d'existences confiées par la patrie à la responsabilité de chefs éprouvés.

Le conseil fut réuni de nouveau, le 26 au matin, pour entendre le résultat de la mission du général Changarnier et prendre un parti définitif.

Il fut convenu, *à l'unanimité*, non sans la plus vive douleur, que M. le général de division Jarras, chef d'état-major général, serait envoyé au quartier général du Prince Frédéric-Charles comme délégué par le conseil et muni de ses pleins pouvoirs, pour arrêter et signer une convention militaire par laquelle l'armée française, vaincue par la famine, se constituerait prisonnière de guerre.

Au rapport du 26 octobre, j'avais donné l'ordre au général commandant l'artillerie de faire réunir, par les soins de l'artillerie, les aigles des régiments, pour les déposer à l'arsenal où ils devaient être détruits; mais cet ordre ne fut malheureusement pas exécuté dans tous les corps. On en demanda un nouveau, avec l'attache de l'état-major général; on perdit ainsi des moments précieux, et, une fois la convention signée, c'eût été manquer à la parole donnée que de ne pas en exécuter rigoureusement toutes les clauses, quelque pénibles qu'elles fussent. Du reste, les trophées militaires n'ont de valeur morale que quand ils sont pris sur le champ de bataille : ils n'en ont aucune quand ils sont déposés dans un arsenal.

Cette convention militaire fut signée par les chefs d'état-major des deux armées, dans la soirée du 27, au château de Frescaty, pour être mise à exécution le 29 à midi. Elle fut acceptée par le conseil dans sa séance du 28, à huit heures et demie du matin.

Voici le procès-verbal de cette dernière conférence :

« Le 28 octobre 1870, à 8 heures et demie du matin, étaient réunis en conseil, sous la présidence du maréchal Bazaine, à son quartier général, MM. les commandants des corps d'armée et les commandants des armes spéciales, à l'effet d'entendre la lecture de la convention signée le 27 Octobre 1870, au château de Frescaty près Metz, par M. le général chef d'état-major général de l'armée, muni à cet effet des pleins pouvoirs de M. le maréchal Bazaine et de tous les membres du conseil, lesquels lui ont été conférés dans la séance du 26 Octobre au matin.

» Le général Jarras a fait la lecture dudit document ainsi que de l'appendice qui y est joint, et, après des explications qui ont été demandées et données sur la portée et l'interprétation de quelques articles, le conseil a reconnu que son mandataire avait usé des larges instructions qu'il avait reçues, d'une manière aussi satisfaisante que le comportait la situation de l'armée, et il a donné son approbation au protocole et à son annexe.

MM.

Le maréchal CANROBERT, commandant le 6ᵉ corps.

LE maréchal LEBOEUF, commandant le 3ᵉ corps.

Le général LADMIRAULT, commandant le 4ᵉ corps.

Le général FROSSARD, commandant le 2ᵉ corps.

Le général DESVAUX, commandant provisoirement la garde impériale.

Le général SOLEILLE, commandant en chef de l'artillerie.

Le général COFFINIÈRES DE NORDECK, commandant supérieur de Metz et commandant en chef le génie de l'armée.

L'intendant LEBRUN, intendant général de l'armée.

Le général de division JARRAS, chef d'état-major général de l'armée.

Le général CHANGARNIER.

Le maréchal BAZAINE, commandant en chef l'armée du Rhin. »

Le 29 Octobre, à cinq heures du soir, je me suis constitué prisonnier à Corny, quartier général du Prince Frédéric-Charles, puis j'ai été dirigé sur Cassel, par ordre de Sa Majesté le Roi de Prusse.

En me séparant de cette brave armée qui a toujours été un modèle de discipline et de loyauté, je lui adressai l'ordre du jour ci-après, faible expression de ma reconnaissance pour son patriotisme et les solides qualités militaires dont elle a donné tant de preuves pendant les plus tristes périodes de la campagne.

« A l'armée du Rhin !

» Vaincus par la famine, nous sommes contraints de subir les lois de la guerre, en nous constituant prisonniers. A diverses époques de notre histoire militaire, de braves troupes commandées par Masséna, Kléber, Gouvion Saint-Cyr, ont éprouvé le même sort qui n'entache en rien l'honneur militaire, quand, comme vous, on a aussi glorieusement accompli son devoir jusqu'à l'extrême limite humaine.

» Tout ce qu'il était loyalement possible de faire pour éviter cette fin, a été tenté et n'a pu aboutir.

» Quant à renouveler un suprême effort pour briser les lignes fortifiées de l'ennemi, malgré votre vaillance et le sacrifice de milliers d'existences qui peuvent encore être utiles à la patrie, il eût été infructueux, par suite de l'armement et des forces écrasantes qui gardent et appuyent ces lignes; un désastre en eût été la conséquence.

» Soyons dignes dans l'adversité; respectons les conventions honorables qui ont été stipulées, si nous voulons être respectés comme nous le méritons. Évitons surtout, pour la réputation de cette armée, les actes d'indiscipline comme la destruction d'armes et de matériel, puisque, d'après les usages militaires, places et armements doivent faire retour à la France lorsque la paix est signée.

» En quittant le commandement, je tiens à exprimer aux généraux, officiers et soldats toute ma reconnaissance pour leur loyal concours, leur brillante valeur dans les combats, leur résignation dans les privations, et c'est le cœur navré que je me sépare de vous.

» Ban Saint-Martin, 28 octobre 1870. »

* * *

Tel est le récit succinct et fidèle de la conduite de l'armée du Rhin. J'espère que l'histoire lui rendra justice et que la grande voix de l'opinion publique dira qu'elle a bien mérité de la patrie.

APPENDICE [*]

Dépêches publiées à Tours par le gouvernement de la défense nationale.

Tours, 22 Octobre 1870.

NOUVELLES OFFICIELLES.

Neufchâteau, 21 Octobre, 6 h. 30 m. du soir.

Le sous-préfet au ministre.

Le 14, sortie de Bazaine avec 80,000 hommes. Il a écrasé 26 bataillons et deux régiments de cavalerie, détruit forges et église d'Ars qui protégeaient ennemi, et pris 193 fourgons, vivres, munitions.

L'armée de blocus a été renouvelée plusieurs fois. Soldats sont promptement exténués par fausses sorties de Bazaine. Toutes les deux heures fait sonner charge, gronder canon et oblige Prussiens à se relever et à veiller sans cesse par crainte sorties, tandis que nos soldats, qui connaissent ses véritables intentions, se reposent.

Bazaine, typhus, insomnie, sont, de l'avis des Prussiens, leurs trois grands ennemis.

Havas BULLIER.

(*) Ces dépêches, publiées et affichées à Tours à des dates où l'armée de Metz était dans une situation si critique, excluent tout commentaire.

Tours, 26 Octobre.

Une dépêche de Londres porte que le général Boyer, ayant échoué dans sa mission, va retourner à Metz, où Bazaine continue plus que jamais sa résistance offensive.

Tours, 26 Octobre.

Une lettre de Metz, arrivée hier, à l'une des plus honorables familles de Tours, écrite par un officier supérieur de la défense, confirme d'une manière absolue les derniers succès de l'*illustre* maréchal Bazaine.

Tours, 28 Octobre

Les avis de Metz apportés à Tours par l'envoyé de Bazaine (de Valcour) sont excellents et confirment de la façon la plus péremptoire les informations reçues naguère par une autre voie. L'armée de Bazaine, abondamment pourvue de tout, est animée d'une invincible confiance, et chacune de ses sorties est une victoire infligeant à l'ennemi des pertes considérables. L'aide-de-camp de Bazaine (*) a été reçu aujourd'hui par M. Gambetta, avec qui il a longuement conféré.

Disons à ce propos que l'envoyé de Bazaine à Tours est la meilleure réfutation des bruits qui prêtaient au maréchal le parti pris de ne pas se rallier au gouvernement de la défense nationale.

(*) M. de Valcour n'est pas aide-de-camp du maréchal Bazaine et n'a jamais fait partie de son état-major. Il était attaché, pour la campagne, comme interprète, auprès de M. le général Blanchard.

IMP. CENTRALE DES CHEMINS DE FER. — A. CHAIX ET Ce, RUE BERGÈRE, 20, A PARIS. — 1422-1.

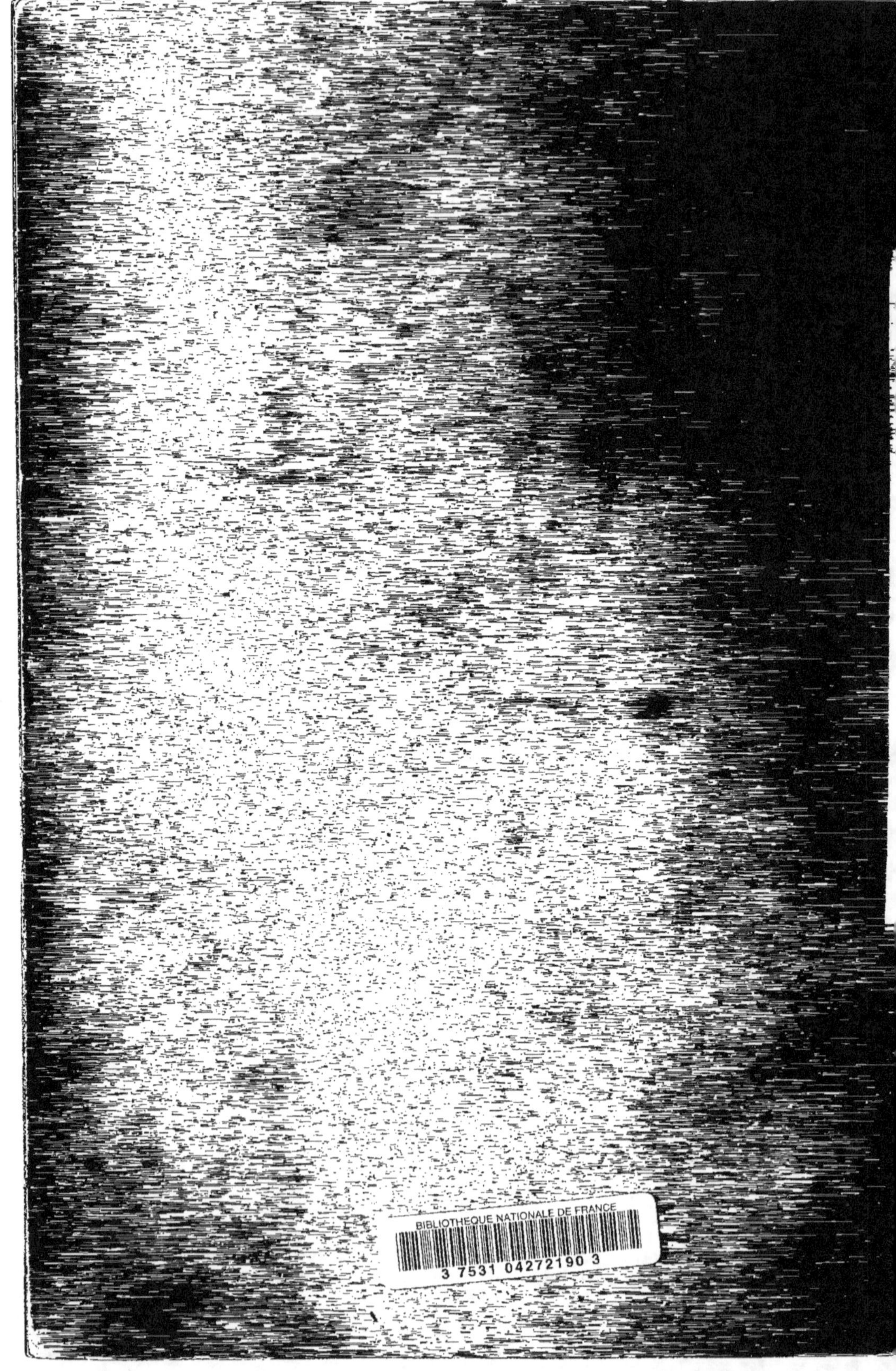